AF247259

# ÉBAUCHE

## D'UN DES TITRES DE LA LOI
### CONCERNANT
## LES TRANSACTIONS ENTRE PARTICULIERS.



### AVIS.

J'AI quelques idées neuves, ou au moins que je crois neuves, bien différentes de celles adoptées jusqu'ici par le conseil des cinq cents, relativement aux transactions entre particuliers ; j'ose présumer qu'elles mériteroient la préférence ; je desirerois être de quelqu'utilité à ceux qui y sont intéressés ; le sujet est de la plus haute importance ; & ces divers motifs m'invitent à les soumettre au jugement du public.

Mais je suis étranger, Suisse de nation ; des lecteurs prévenus contre les étrangers, trouveroient peut-être bien singulier, même ridicule qu'un étranger osât présumer avoir de meilleures idées sur ce qui concerne la France, que les législateurs français ; il seroit possible qu'en effet je présumasse trop de mes idées ; d'ailleurs, comme il me faudroit du temps pour les mettre au jour, il se pourroit que le conseil des anciens eût approuvé les résolutions du conseil des cinq cents, relatives auxdites transactions, avant que ces idées pussent paroître ; dans ce cas, & dans le cas qui pourroit arriver tout aussi bien, que, quand même elles paroîtroient encore assez tôt, le corps législatif n'en fît aucun usage, mon travail seroit tout-à-fait *inutile* ; ma position actuelle ne me permet pas d'en courir la chance ; & ces considérations m'engagent à donner d'abord au pulic, par manière d'essai, *l'ébauche* ci-après, concernant les *assignats*, pour voir, par l'accueil qu'elle recevra de certaines personnes, si je dois ou ne dois pas m'occuper davantage de cette besogne.

## TITRE.....

## DES ASSIGNATS.

### SECTION PREMIÈRE.

#### *Objet de ce titre.*

L'OBJET de ce titre est d'établir des règles générales pour prévenir, autant que possible, les contestations

A

entre particuliers au fujet du paiement des fommes dues par les tranfactions en affignats.

## SECTION II.

### *Divifion de ces tranfactions.*

Toutes les tranfactions dont il s'agit, fe réduifant à quatre efpèces, elles doivent être divifées en quatre claffes.

*Première claffe.* Cette claffe comprend les tranfactions qui portent avec elles l'évidence que les fommés dues par elles font payables en affignats à leur valeur nominale, et qui, par conféquent, doivent être *reconnues* comme telles.

*Deuxième claffe.* A cette claffe appartiennent les tranfactions qui ne portent avec elles, ni cette évidence, ni l'évidence du contraire, mais qui, ayant été faites après le.... & avant le...., peuvent & doivent, à raifon de cette période, être *réputées* payables en affignats à leur valeur nominale.

*Troifième claffe.* Il faut comprendre dans cette claffe les tranfactions qui expriment fimplement des fommes en livres ou francs, fans porter avec elles l'évidence qu'elles font payables en telle valeur, plutôt qu'en telle autre ; mais qui, ayant été faites après le.... & avant le...., ne peuvent & ne doivent, à raifon de cette période, être *réputées*, bien moins *reconnues* payables en affignats à leur valeur nominale.

*Quatrième claffe.* Sont compris dans cette claffe les tranfactions qui portent avec elles l'évidence qu'elles font payables en affignats, non pas à leur valeur nomi-nale, mais au cours convenu d'avance entre les parties fontractantes, et qui, par conféquent, doivent être *re-connues* comme telles.

*Cas extraordinaire.* Il peut arriver qu'une tranfaction foit compliquée de manière à être à la fois de deux, de trois, & même de toutes les quatre efpèces fufmention-nées; & dans ce cas extraordinaire, chaque efpèce doit être rangée dans la claffe à laquelle elle appartient.

( 3 )

## SECTION III.

### *Application de cette division.*

En conséquence de la division ci-dessus, S. II, les sommes dues par les transactions comprises dans les deux premières classes, doivent être acquittées en assignats à leur valeur nominale, de l'une ou de l'autre des diverses manières réglées ci-bas, S....; celles dues par les transactions de la troisième classe, doivent être acquittées en entier en numéraire, c'est-à-dire, sans réduction préalable quelconque, par la raison qu'elles sont censées payables en valeur métallique ; & celles dues par les transactions de la quatrième classe, doivent être acquittées en assignats au cours, conformément aux stipulations entre les parties contractantes.

## SECTION IV.

### *Fixation des échéances.*

Les sommes dues en assignats à leur valeur nominale, ou au cours, n'admettant aucune exception pour les termes du paiement, leurs échéances doivent être fixées exactement de la même manière que celles des sommes dues en numéraire, ou en d'autres valeurs, &, par conséquent, être comprises dans le titre......

## SECTION V.

### *Réduction des assignats en numéraire.*

Comme les assignats n'existent plus, il faut nécessairement les réduire en numéraire métallique, qui est de nouveau la monnoie courante en France ; mais comme durant leur circulation, ils ont, par diverses causes, subi une dépréciation successive, un avilissement progressif, au point que l'assignat, qui au commencement de l'émission avoit valu, à très-peu de chose près, les 100 francs qu'il exprimoit, ne valoit plus à la fin que 5 ou 6 sous, valeur métallique, la raison, la justice, l'é quité qui exigent une réduction proportionnée à la valeur que les débiteurs auront à donner à leur place, ne permettent pas de les réduire tous au même taux; & comme il eſt impoſſible d'établir pour cette réduction des règles générales qui puiſſent contenter des milliers d'intérêts particuliers, très-différens, & ſouvent tout oppoſés les uns aux autres, la loi eſt néceſſitée de ſe borner à celles qui ſont de nature à contenter au moins le plus grand nombre de ces intérêts, ſans donner aux autres des raiſons fondées & valables de s'en plaindre. Or, tel eſt le but des modes de réduction ci-après.

## SECTION VI.

### *Modes de réduction.*

Les différentes natures de tranſactions, & les différentes époques auxquelles les dettes ont été contractées, & auxquelles elles ſont échues, exigent au moins quatre différens modes de réduction en numéraire, des ſommes dues en aſſignats *à leur valeur nominale*, adapté chacun à ces différences; & la loi adopte de préférence les quatre ſuivans, comme approchant le plus de la perfection, qu'il eſt impoſſible d'atteindre ſur cette matière.

## SECTION VII. *Premier mode.*

### *Réduction ſans réduction, ou au pair.*

I. Quels que ſoient l'objet & la nature d'une tranſaction, & l'époque à laquelle elle a été faite durant la circulation des aſſignats, le débiteur ſera tenu de payer en numéraire ſans réduction préalable quelconque, le capital & l'intérêt, au cas qu'il ſoit dû un intérêt au capital, de la ſomme reconnue ou réputée être payable en aſſignats à leur valeur nominale, ſi cette ſomme écheoit un ſeul jour ou pluſieurs années après le..... ; & cela, par la ſeule raiſon de l'échéance à une époque ſi éloignée.

II. A quelle qu'époque qu'une dette ait été contractée durant la circulation des aſſignats, & quelle que ſoit l'époque de son échéance après le.... & avant le...., le débiteur sera également tenu, à cause de l'objet de la dette, de payer de la même manière que dessus, la somme reconnue ou réputée payable en assignats à leur valeur nominale, si le créancier peut prouver, avec l'évidence requise par l'art.........., que ladite somme lui est néanmoins réellement due en numéraire, soit pour l'avoir remise au débiteur en espèces sonnantes, en lettres ou billets de change, ou en autres papiers ou objets qui ont dû lui rentrer en écus, soit qu'il lui ait cédé ou transporté, pour la même valeur qu'ils expriment, des actes ou titres qui constatent, avec la même évidence, avoir été faits de particulier à particulier, par voie publique ou sous-seing privé, avant ou pendant la révolution, pour être payés en valeur métallique, soit enfin qu'elle procéde du renouvellement ou de la prolongation de terme de ce que le débiteur lui devoit déjà avant l'émission des assignats, n'importe pour quels objets.

### SECTION VIII. *Deuxième mode.*

*Sans réduction, mais avec déduction, ou vice versâ.*

I. A quelle qu'époque qu'une dette ait été contractée durant la circulation des assignats, quelle que soit l'époque de son échéance après le.... & avant le...., & quel que soit l'objet qui la constitue, si le débiteur peut prouver, avec l'évidence requise par l'art....., que la somme reconnue ou non reconnue, réputée ou non réputée payable en assignats à leur valeur nominale, est composée de deux élémens, consistant, l'un dans la valeur réelle ou convenue en numéraire pour ledit objet, & l'autre dans une valeur ajoutée comme *agio*, pour les chances à courir sur les variations ou la dépréciation des assignats; & si ces deux élémens sont, non pas confondus dans le prix de l'objet de manière à être méconnoissables, mais bien distincts, à pouvoir les reconnoître sans difficulté; dans ces deux cas, le débiteur sera tenu, à cause de la nature de la dette, de payer la valeur qui compose le premier élément, avec l'intérêt, s'il lui en est dû un, en numéraire sans réduction préalable quelconque; mais il ne devra rien pour la valeur ajoutée qui compose le deuxième élément.

II. Si la somme ainsi composée, se trouve échue avant le....., dans ce cas le créancier aura l'option, à raison de l'échéance, d'exiger le capital et l'intérêt, ou de la valeur composant le premier élément, en numéraire sans réduction préalable quelconque, ou des valeurs qui composent les deux élémens, en réduisant cette double valeur en numéraire par l'échelle, d'après le cours fixé à l'époque de son échéance.

## SECTION IX. *Troisième mode.*

### *Réduction de deux autres manières pour chaque partie contractante.*

I. Toute dette contractée après le.... & avant le....., dont la somme est reconnue ou réputée payable en assignats à leur valeur nominale, soit pour vente, cession, transport, prêt, avances, fournitures ou autres marchés de terres, maisons, denrées, marchandises, matières d'or & d'argent, autres que la monnoie métallique qui a actuellement cours en France, et de tout autre objet mobilier ou immobilier; soit pour fermages, loyers & autres choses pareilles; soit pour entreprises de toutes sortes de travaux; soit enfin pour toutes les transactions mentionnées ou non mentionnées dans la présente loi, en tant qu'elle ne les en excepte pas expressément, & qu'elle ne prononce aucune disposition contraire à cet égard : si elle ne se trouve dans aucun des cas énoncés aux S. VII & VIII de ce titre, sera acquittée de l'une ou de l'autre des manières qui suivent, selon le cas dans lequel elle se trouve.

α) Si elle se trouve dans le cas, qu'on peut regarder comme le cas le plus commun, d'être composée des deux élémens mentionnés ci-dessus, S. VIII, art. I, mais tellement confondus qu'il est impossible de les reconnoître; & si elle écheoit après le.... & avant le....., le débiteur aura, à cause de l'échéance, & aux conditions ci-après, articles...., pour ce qui le concerne, à choisir l'une de ces deux manières de s'acquitter, ou celle de réduire en numéraire la somme reconnue ou réputée payable en assignats à leur valeur nominale, au cours fixé par l'échelle à l'époque à laquelle la dette a été contractée, ou celle de payer simplement en numéraire ce que valoit en écus, à la même époque, & à l'endroit où le marché a été conclu, l'objet pour lequel la somme est due.

*b*) Si elle se trouve dans le même cas, avec la différence essentielle d'être échue avant le...., le créancier aura, à raison de cette différence, & auxdites conditions, pour ce qu'elles le concernent, le droit d'exiger d'être payé en numéraire, ou du prix que valoit ledit objet, à ladite époque, & au dit endroit, ou d'après la réduction de la somme due en assignats à leur valeur nominale, au cours fixé par l'échelle à l'époque de son échéance.

II. L'intérêt dû à la somme en assignats, sera également payé en numéraire, non pas sur cette même somme, mais sur la somme que le débiteur payera en numéraire d'aucune desdites manières.

III. La valeur en numéraire de l'objet pour lequel la somme est due en assignats, sera reglée d'après le prix courant de tels objets, s'il y en a eu un prix courant à l'époque & à l'endroit où le marché a été conclu.

IV. S'il n'y a pas eu de prix courant, & si les parties contractantes ne peuvent pas s'accorder sur sa fixation; dans ce cas, chacune d'elle nommera trois arbitres, & la somme à payer en numéraire pour cet objet, sera fixée par eux à la pluralité des voix.

V. Au cas qu'il n'y eût pas pluralité de voix, chacune des parties contractantes adjoindra à ses trois arbitres, deux nouveaux; & la somme qui, sur les dix arbitrages, réunira le plus de voix, sera le prix dudit objet.

VI. Celle des parties contractantes qui a le droit de faire estimer la valeur de l'objet, demandera à l'autre partie d'abord trois, ensuite au besoin, deux autres arbitres; & s'ils ne se trouvent pas réunis aux siens en nombre égal, au lieu où le marché a été contracté, &

A 4

au plus tard .... après la demande, la fomme qui, fur les arbitres préfens, fuffent-ils tous de la partie qui a demandé, par conféquent feulement trois ou cinq, réunira le plus de voix, fera encore le prix dudit objet.

VII. Si ce prix ne convient pas à celle des parties contractantes qui a le droit de faire évaluer l'objet, elle ne fera point obligée de l'accepter, mais elle ne pourra pas en demander un autre. Elle perdra ce droit par fon refus; & elle fera tenue de s'acquitter d'après la réduction par l'échelle, de la manière qui lui eft prefcrite par l'article I de cette fection.

VII. Elle perdra également ce droit, & fera tenue de s'acquitter de ladite manière, fi elle ne demande pas à l'autre partie de l'exercer, le jour même auquel le paiement de la fomme eft exigible; ce filence devant être regardé comme preuve fuffifante qu'elle y a renoncé volontairement.

## SECTION X. *Quatrième mode.*

### *Réduction par l'échelle.*

I. De toutes les manières de former l'échelle de réduction, aucune n'ayant été trouvée parfaite, & paroiffant même impoffible d'en trouver une, telle qu'elle feroit à defirer pour tout le monde, faute de données affez exactes, les légiflateurs ont dû s'arrêter à celle qui leur a paru la moins imparfaite, du moins pour le département de la Seine; en laiffant au furplus à chacun des autres départemens, la faculté d'en former une à fon ufage, d'après les difpofitions qui fuivent.

II. Il eft enjoint à la tréforerie nationale de former, le plutôt poffible, un tableau d'échelle de réduction des affignats en numéraire, d'après leurs cours refpectifs à Paris, aux diverfes époques depuis le premier jour de l'émiffion de ce papier-monnoie fans interruption jufqu'au dernier jour de fa circulation légale, en compofant chaque époque d'une décade, & en faifant un prix commun des divers prix de chaque décade.

III. Auffitôt que le tableau fera formé, la tréforerie

nationale le fera imprimer à..... exemplaires au moins ;
& après que les commiffaires auront certifié au bas de
l'original, *qu'il eft exact & authentique*, elle expofera
& laiffera conftamment expofé l'original dans un de
fes bureaux, pour l'infpection du public.

IV. Quant aux exemplaires imprimés, après que fes
commiffaires auront également certifié au bas de chacun, *qu'il eft conforme à l'original*, elle en remettra au
corps légiflatif & au directoire exécutif, tel nombre
qu'ils lui demanderont ; elle en gardera quelques-uns
pour les cas de befoin ; & elle fera afficher le furplus,
de la manière la plus apparante, par tout où elle le ju-
gera convenable.

V. D'abord à la réception des exemplaires imprimés,
le directoire exécutif en fera annexer un à la préfente
loi, & parvenir, le plus promptement poffible,..... à
chacune des adminiftratrations départementales de la
république.

VI. Dès qu'elle aura reçu ces exemplaires, chaque
adminiftration départementale fera tenue : 1°. d'en
accufer la réception au directoire exécutif, ou au mi-
niftre qui les lui aura envoyés ; 2°. d'en expofer &
laiffer conftamment expofé un dans un de ses bureaux,
pour l'infpection des habitans de fon arrondiffement,
& même de ceux des autres départemens ; 3°. d'en gar-
der..... pour les cas de befoin ; & 4°. de faire afficher les autres là où bon lui femblera, pourvu que
tout le monde puiffe en prendre connoiffance.

VII Et attendu que dans la plupart des départemens
le cours des affignats a prefque toujours plus ou moins
& fouvent beaucoup différé de celui de Paris, de forte
qu'il feroit injufte de les aftreindre à ce cours pour leurs
tranfactions, chaque adminiftration départementale
aura la faculté de former également un tableau à l'u-
fage des tranfactions faites dans fon arrondiffement,
de la manière & aux conditions qui fuivent.

*a*) Elle convoquera au lieu de fes féances, une
affemblée compofée de tous fes membres, de.....
propriétaires de biens fonds, & de..... négocians, les
uns & les autres des plus notables, & tous domiciliés

depuis l'émiſſion & durant la circulation des aſſignats, en différens endroits de ſon arrondiſſement.

*b*) Tous ainſi réunis, ils formeront enſemble un tableau d'échelle de réduction des aſſignats en numéraire, en prenant pour baſe de comparaiſon la valeur métallique, celle des biens fonds, celle des denrées & marchandiſes, ou celle de tout autre objet, chacune ſéparément, ou pluſieurs, ou toutes enſemble, uniformément pour toutes les époques, ou tantôt celle-ci pour une époque, tantôt celle-là pour une autre époque, le tout à leur choix; & le tableau au bas duquel..... au moins des membres préſens auront certifié l'avoir formé d'après leurs lumières & leur conſcience, & l'avoir arrêté comme celui qui leur paroît convenir le mieux pour les tranſactions faites dans leur département; il ſera auſſi reconnu & conſidéré comme adopté par & pour ce département, de préférence à celui de la tréſorerie nationale.

*c*) De cette manière, le tableau d'aucun département n'aura beſoin de reſſembler, ni à celui de la tréſorerie nationale, ni à celui d'un autre département, *quant aux élémens dont le cours de chaque époque ſera compoſé;* mais tous doivent commencer l'échelle depuis le premier jour de l'émiſſion des aſſignats; la continuer ſans interruption juſqu'au dernier jour de leur circulation légale; prendre pour chaque époque une décade; former un prix commun des divers prix de chaque décade; &, par conſéquent, parfaitement reſſembler *en ces quatre points eſſentiels,* les uns aux autres, & tous à celui de la tréſorerie nationale.

*d*) Le tableau une fois formé, arrêté & certifié de la manière ci-deſſus, l'adminiſtration départementale le fera imprimer avec les noms de tous les ſignataires, au nombre de.... exemplaires aumoins; & cela fait, elle expoſera & laiſſera conſtamment expoſé l'original dans un de ſes bureaux, à côté de celui de la tréſorerie nationale, pour l'inſpection des habitans de ſon arrondiſſement, ainſi que pour ceux des autres départemens.

*e*) Après que chacun de ſes membres aura certifié

au bas de chaque exemplaire imprimé, qu'il est conforme à l'original, l'administration départementale en enverra, le plus promptement possible,..... au directoire exécutif, ou au ministre qui lui aura envoyé ceux de la trésorerie nationale ; elle en gardera..... pour les cas de besoin ; & elle fera afficher les autres de la manière la plus visible, aux différens endroits de son arrondissement, où elle fait ordinairement afficher ses autres actes publics.

VIII. Si une administration départementale ne fait point convoquer une telle assemblée générale ; si des membres présens,.... au moins ne peuvent pas s'accorder sur la confection dudit tableau ; si d'ailleurs elle s'écarte en peu ou en beaucoup de ce qui lui est prescrit par l'article précédent ; & enfin, comme il ne faut pas beaucoup de temps pour exécuter toutes ces opérations là, si elles ne sont pas entièrement terminées dans l'espace de....., à compter du jour auquel elle aura reçu le tableau de la trésorerie nationale ; dans aucun de ces quatre cas, comme dans tous, son département sera réputé avoir préféré ce dernier tableau, & il perdra par-là le droit d'en avoir un de sa formation.

IX. Pour éviter la confusion, & vû d'ailleurs l'inutilité ou plutôt les inconvéniens de l'exposition de plusieurs tableaux dans le même département, il est expressément défendu à toute administration départementale d'exposer ou de faire afficher dans son arrondissement, soit l'un à côté de l'autre, soit isolément, d'autres tableaux que le sien propre & celui de la trésorerie nationale.

X. Il est bien entendu que si les parties contractantes, que les dispositions de la présente loi mettent dans le cas d'avoir recours à la réduction par l'échelle, sont d'accord entr'elles de faire cette réduction d'après le tableau de tel département, plutôt que d'après celui de tel autre département, elles en auront tout le droit ; mais si elles ne peuvent point s'accorder à l'amiable là dessus, dans ce cas, elles seront tenues de se conformer à ce qui suit.

*a*) Si à l'époque à laquelle ils ont fait la transaction,

le débiteur & le créancier ont demeuré au même endroit ou en différens endroits du même département, ils ne pourront se servir, pour la réduction par l'échelle de la somme due par cette transaction, que du tableau de ce département, s'il en a un, quelle que soit leur résidence actuelle, & quelles qu'aient été alors la division ou les dénominations, soit du département, soit de ces endroits.

*b*) Si, à ladite époque, le débiteur a demeuré dans un département, & le créancier dans un autre, ils seront tenus de se servir du tableau du département de celui d'entr'eux qui, en vertu de l'article I, de la S. IX de ce titre, a le droit de demander la réduction par l'échelle, si ce département a un tableau; & s'il n'en a point, ils se serviront de celui désigné à l'article XI ci-après.

XI. Pour toutes les réductions par l'échelle, le tableau de la trésorie nationale servira de préférence dans les cinq cas suivans.

1°. Lorsque les parties contractantes ont fait dans le département de la Seine la transaction pour laquelle il est dû.

2°. Lorsqu'à l'époque à laquelle ils ont fait la transaction, le débiteur & le créancier ont demeuré dans un autre département, & que ce département n'a point de tableau.

3°. Lorsqu'à ladite époque, le débiteur a demeuré dans un département, & le créancier dans un autre, & que ni l'un ni l'autre de ces deux départemens n'a de tableau.

4°. Lorsque le département du débiteur ou du créancier qui a le droit de demander la réduction par l'échelle, n'a point de tableau, & que celui d'entr'eux qui a ce droit, ne veut pas se servir du tableau du département de l'autre, comme il pourra s'en servir de préférence à celui de la trésorerie nationale.

5°. Enfin, lorsque les parties contractantes sont d'accord entr'elles de préférer le tableau de la trésorerie nationale à celui du département auquel l'une d'elle auroit le droit de donner la préférence.

XII. Chaque époque comprenant dix jours ou une décade, l'époque d'une transaction est celle de la décade dans laquelle cette transaction a été faite; l'époque d'une échéance est celle de la décade dans laquelle cette échéance tombe.

## OBSERVATIONS.

### *Sur les dispositions de ce titre.*

I. Les dispositions de ce titre ne concernent en aucune manière les transactions entre le gouvernement & les particuliers, sur lesquelles il sera statué par une autre loi, lorsque les circonstances exigeront & permettront à la fois de s'en occuper.

II. Les dispositions de ce titre sont applicables, en ce qu'elles les concernent, à toutes les transactions faites entre particuliers ayant demeuré ou demeurant en France, qu'ils soient français ou étrangers, ne devant exister aucune distinction entr'eux à cet égard.

III. Elles s'étendent aussi, *en tant que faire se peut*, sur les transactions faites dans les départemens réunis, dans les autres pays conquis, dans les colonies françaises, & dans généralement toutes les possessions de la république, en deçà & au-delà des mers, par les habitans entr'eux, ou avec d'autres.

IV. S'il se présente des cas extraordinaires, auxquels ces dispositions ne peuvent point être appliquées, pas même en France, il sera fait des loix particulières pour ces cas, lorsqu'ils l'exigeront.

V. Les dépôts faits en assignats, & non réclamés dans le temps, sont exceptés des dispositions de ce titre, et compris dans celles du titre......

VI. Les sommes réduites en numéraire, doivent être payées de la même manière que les dettes contractées en valeur métalliques, ou en d'autres valeurs, dont les dispositions se trouvent au titre......

( 14 )

OBSERVATIONS,

*Sur cette échelle.*

C'eſt à deſſein, & par raiſon, qu'il y a dans cette ébauche des articles qui, en partie ou en entier, appartiennent à d'autres titres ; des détails qui, pour l'ordinaire, figurent mieux dans le rapport ou dans les *conſidérans*, que dans le texte de la loi ; des blancs de dates, &c.

Si quelques lecteurs y cherchent d'autres articles qui ont des rapports avec ce titre, & qui ne s'y trouvent point, c'eſt qu'ils appartiennent également & plus encore à d'autres titres, & que je n'ai pas pu les placer tous dans celui-ci.

La loi ſur les tranſactions entre particuliers demande une vingtaine de titres au moins ; & je ne prétends donner ci-deſſus qu'une légère ébauche d'un ſeul titre, faite à la hâte, pour donner ſimplement quelques notions de mes idées à ce ſujet.

Si le corps légiſlatif vouloit en faire uſage, & me laiſſer le temps de compoſer un projet de loi tel qu'il devroit être, alors je remplirois les blancs, & mettrois chaque choſe à ſa place.

Alors auſſi, je pourrois donner le développement de ces idées, pour démontrer, d'une manière ſatisfaiſante, & leur importance, & leur utilité, & la préférence qu'elles mériteroient ſur certaines autres idées.

En attendant, je dois demander l'indulgence des lecteurs connoiſſeurs, ſur la manière d'exprimer mes idées ; & j'eſpère l'obtenir de tous ceux qui ſont judicieux, en leur obſervant que je ne ſuis point auteur par état, & que j'écris en une langue étrangère, laquelle je ne connois que très imparfaitement.

ZOLLIKOFER.

De l'Impr. du Journal de Paris, rue J. J. Rouſſeau, Nº 14.